José de las Casas

Die Tapas-Bar

70 raffinierte Rezepte

Originalausgabe

WILHELM HEYNE VERLAG
MÜNCHEN

Besuchen Sie uns im Internet:
http://www.heyne.de

Umwelthinweis:
Dieses Buch wurde auf
chlor- und säurefreiem Papier gedruckt.

8. Auflage
Copyright © 1998 by Wilhelm Heyne Verlag, München,
in der Verlagsgruppe Random House GmbH
Printed in Germany 2004
Redaktion: Herbert Scheubner
Konzeption und Realisation:
Christine Proske (Ariadne Buchkonzeption, München)
Umschlagillustration: S. & P. Eising, Stockfood, München
Umschlaggestaltung: Atelier Seidel, Neuötting
Satz: DTP/Walleitner
Druck und Bindung: RMO-Druck, München

ISBN 3-453-14179-2

Inhalt

LAS TAPAS
Die Tapas

Hierzulande wird es immer beliebter, zu guten Getränken leckere Kleinigkeiten zu essen. Dieses typische Barverhalten ist in südlichen Ländern schon länger gang und gäbe, und diese Eßgewohnheiten kommen sowohl den erhöhten Qualitätsansprüchen als auch der Generation nach Fast food sehr entgegen: Imbiß als Luxus, öfter wenig essen, dafür aber lange bleiben. So ist es nur natürlich, daß die Tapas sich – im wahrsten Sinne des Wortes – in aller Munde befinden.

Eigentlich heißt Tapa Deckel(chen). Ursprünglich wurde nämlich in spanischen Bars zu jedem (alkoholischen) Getränk ein eßbarer Deckel gereicht. Dieser Deckel, oft nur eine Scheibe Brot als Trägerstoff des eigentlichen Imbisses oder ein Unterteller oder Schälchen zum Transport der Leckerei, schützte das Getränk gegen Insekten. Daß Tapas deswegen auch als »Magendeckelchen« bekannt sind, kommt Gast und Wirt entgegen: Einerseits verträgt man mehr Alkohol, andererseits können die Gläschen als Vorwand dienen, um noch ein feineres Häppchen zu ergattern.

Die touristische Erschließung der Tapas-Bar trug zu erheblichen Qualitätsschwankungen der kleinen Köstlichkeiten bei. Weitere unangenehme Begleiterscheinungen ihrer Popularität zeigen sich in zum Teil riesigen Portionen und der Tatsache, daß diese nicht gratis angeboten, sondern zu horrenden Preisen verkauft werden. In Ihrer Stamm-Bar, in der noch direkt hinter dem Tresen gebrutzelt und gerührt wird, werden Sie trotzdem immer ein Schnäppchen direkt aus der Pfanne zum Probieren bekommen und sich glücklich schätzen, daß Sie die anderen Tapas zahlen dürfen und nicht immer ein neues Getränk bestellen müssen, um sich durch alle Leckereien durchzuessen.

LAS RECETAS
Die Rezepte

Wegen des unüberschaubaren Angebots an Tapas ist es schwierig, eine Auswahl an Rezepten zu treffen. Es gibt so viele sehr einfache Tapas, deren Zubereitung so kurz beschrieben werden kann, daß die Bezeichnung »Rezept« etwas übertrieben wäre. Ich kenne sogar Bars (eine der schönsten und beliebtesten dieser Art befindet sich in Barcelona), in denen hinter dem typischen Glassturz nur geöffnete Dosen stehen. Diese Dosen sind allerdings mit leckersten Fisch- und Muschelmarinaden gefüllt und werden vor dem Servieren noch gepflegt, gewürzt oder mit geheimnisvollen Sößchen behandelt. Dosenwaren in dieser Qualität sind in Deutschland leider noch kaum erhältlich. Hierzu gibt es auch keine Rezepte.

Eine weitere Problematik, aber auch Möglichkeit, auf die ich Sie hinweisen möchte, ist die Vielzahl der verschiedenen Muscheln, die Sie auf spanischen Märkten erhalten: Eine Unzahl unterschiedlicher Tapas kann daraus bereitet werden, selbst wenn man nur drei Grundrezepte kennt. Hierin liegt Ihre Chance: Die meisten Rezepte in diesem Buch sind leicht zu variieren, indem Sie eine Zutat durch eine ähnliche ersetzen (Geflügel untereinander oder mit Kaninchen, Ziegenfleisch mit Lamm- oder Wildfleisch sowie Fische ähnlicher Fleischstruktur) oder eine würzige Sauce vom Gemüse als Fleisch- dip dazu reichen.

Aus diesen Gründen will ich mich darauf beschränken, Ihnen mög- lichst viele Anregungen zu geben, auf deren Basis Sie dann selbst experimentieren können. Einige klassische Standardrezepte gehören genauso dazu wie ausgefallene Kombinationen, die Sie hoffentlich inspirieren werden. Tapas, die man in kleinen Mengen möglichst unkompliziert zu sich nehmen kann, bilden den Schwerpunkt unserer Tapas-Bar. Auch Suppen können zu den Tapas zählen, obwohl sie eher zu den Bestandteilen eines Menüs gehören und schon wegen ihrer Konsistenz nicht so gut zu einem Getränk und damit in unsere Tapas-Bar passen. Als »ración« oder Hauptgang einer Mahlzeit sind Tapas keinesfalls fehl am Platz.

Neben ausgesprochen spanischen Gerichten wie der Tortilla werden Sie auch einige Tapas finden, die von anderen Kochkulturen beeinflußt sind (italienische und asiatische Küche). Gerade in Spanien geht man angenehm bedenkenlos mit neuen Ideen und Anregungen um, sind doch die Kulturen im eigenen Land – auch durch die Geschichte geprägt – schon sehr vielfältig. Außerdem kommt es gerade bei den Tapas auf das Improvisationsgeschick des Koches / der Köchin an, um neue Rezepte zu kreieren. Viele Rezepte entstehen beim Kochen, aus Resten anderer Gerichte oder einfach nach dem Angebot des Markts. So sind naturgemäß auch die Mengen der verschiedenen Zutaten nicht immer gleich.

Versuchen Sie vor allem die Mengenverhältnisse der Rezepte einzuhalten: Nach Möglichkeit sind die Rezepte auch so ausgelegt. (Wer wiegt schon jede Zutat aus, wenn es nicht unbedingt nötig ist?) Prinzipiell entsprechen die Gerichte der Füllmenge einer der klassischen Metallschalen einer Tapas-Bar. Wie viele Leute sich daran satt essen können, hängt natürlich von der Größe der Portionen, dem individuellen Appetit und der Menge der verschiedenen Tapas ab, die Sie anbieten wollen.

Daß man eine Zwiebel oder eine Knoblauchzehe schält, Gemüse wäscht etc., ist allgemein bekannt. Ist es in einem Rezept anders vorgesehen, wird dies eigens erwähnt. Mit Pfeffer ist immer frisch gemahlener aus der Mühle gemeint, im Handel erhältlicher gemahlener Pfeffer ist geschmacklos und beißend. Sind Ihnen Fachbegriffe aus der Welt des Kochens unklar, schlagen Sie bitte in Ihrem Küchenlexikon nach.

Dieses Buch soll möglichst vielen Rezepten Platz bieten, damit Sie aus einer großen Anzahl wählen können, und es ist dennoch handlich genug, daß es in jede Tasche paßt.

Im übrigen: Vertrauen Sie Ihrem Geschmack. Kochen ist kreativ.

Viel Spaß beim Brutzeln und Ausprobieren!

Verwendete Abkürzungen

EL	gestrichener Eßlöffel
TL	gestrichener Teelöffel
Msp	Messerspitze
G	Gramm
kg	Kilogramm
l	Liter
ml	Milliliter
cl	Zentiliter

Verduras y comidas vegetarianas

Gemüse und Vegetarisches

Tortilla
Spanisches Omelett

Die spanische Tortilla ähnelt dem deutschen Omelett. Die Zutaten werden jedoch gleich in die Eiermasse gemischt und nicht am Ende dazwischengeklappt. Dadurch entsteht ein kompaktes Omelett, das fast wie ein dünner Kuchen aussieht. Bei der Auswahl der Zutaten sind der Phantasie keine Grenzen gesetzt, solange sie entsprechend vorgegart sind. Hier die gängigsten Vertreter ihrer Art.

Tortilla española
Spanisches Omelett mit Zwiebeln und Kartoffeln

Zutaten
2 mittelgroße festkochende Kartoffeln
1 Zwiebel
6 Eier
Pflanzenöl
Salz, Pfeffer

Zubereitung
1. Die Kartoffeln schälen, in dünne Scheiben hobeln.
2. Die Zwiebel schälen, in geviertelte Ringe schneiden.

3. Die Kartoffeln langsam in einem guten Eßlöffel Pflanzenöl dünsten, nicht braun werden lassen.
4. Den Deckel auflegen, damit sie schneller gar werden.
5. Nach ca. zehn Minuten die Zwiebelringe dazugeben, offen fertiggaren, bis die Zwiebeln und die Kartoffeln gar, aber noch knackig sind.
6. Währenddessen die Eier in eine große Schüssel schlagen und mit einer Gabel oder einem Schneebesen gut verkleppern.
7. Die Kartoffel-Zwiebel-Mischung hinzugeben und verrühren, die Mischung mit Salz und Pfeffer würzig abschmecken.
8. Den Boden einer Eisenpfanne gut mit Öl bedecken, bis zum Rauchpunkt erhitzen.
9. Die gesamte Eimasse hineinschütten, die Temperatur sofort reduzieren und den Deckel auflegen.
10. Nach ca. zehn Minuten – das Ei muß an der Oberfläche gestockt sein – das Omelett losschütteln und auf den Deckel gleiten lassen.
11. Die Temperatur wieder erhöhen, wenn nötig noch einmal etwas Öl dazugeben, das Omelett schließlich umgedreht in die Pfanne stürzen.
12. Drei bis vier Minuten fertiggaren.
13. Auskühlen, auf einen Teller gleiten lassen und in Kuchenstücke geschnitten lauwarm oder kalt servieren.

Vereinfachte Zubereitung

1. Gekochte Kartoffeln (vom Vortag) verwenden und in kleinfingerdicke Scheiben schneiden, nicht braten.
2. Die Zwiebeln dünsten oder weglassen.

3. Die Pfanne nach dem Einfüllen der Eimasse in den vorgeheizten Backofen (180 °C, wenig Unterhitze) schieben.
4. Nach ca. 15 Minuten mit der Messerspitze testen, ob die Tortilla durch ist.
5. Erst nach dem Auskühlen stürzen.
6. Weiteres Vorgehen wie oben.

Tortilla francesa
Spanisches Omelett mit Petersilie

Zubereitung
Wie Tortilla española, anstelle von Kartoffeln und Zwiebel allerdings viel frischgehackte Petersilie verwenden.

Tortilla de esparagos
Spanisches Omelett mit grünem Spargel

Zubereitung
Wie Tortilla española, anstelle von Kartoffeln und Zwiebel einen möglichst dünnen, blanchierten oder gedünsteten grünen Spargel verwenden. In Spanien ist dieser Spargel fast das ganze Jahr erhältlich und kaum bleistiftdick.

Patatas bravas
»Beherzte« Kartoffeln

Zutaten
8–10 mittelgroße festkochende Kartoffeln
1 Zwiebel, gewürfelt
2–3 Knoblauchzehen, in Scheiben geschnitten
1 Chilischote, gehackt
450 g Schältomaten ohne Saft, zerdrückt
0,1 l trockener Weißwein
1 kleiner Zweig frischer Rosmarin
1 Lorbeerblatt
Salz, Pfeffer, Zucker
Olivenöl

Zubereitung
1. Die Kartoffeln schälen und in ein bis zwei Zentimeter große Würfel schneiden.
2. Mit dem Olivenöl in einer Pfanne oder im Ofen goldgelb braten, dabei leicht salzen.
3. In einer anderen Pfanne die Zwiebel in Olivenöl anschwitzen.
4. Den Knoblauch und die gehackte Chilischote dazugeben, kurz mitdünsten.
5. Die Tomaten und den Weißwein angießen, den Rosmarinzweig und das Lorbeerblatt dazugeben.
6. Zehn bis 15 Minuten nicht zu dick einköcheln lassen.
7. Mit Salz, Pfeffer und Zucker abschmecken, über die Kartoffeln geben. Sofort servieren.

Guacamole

Avocadodip

Zutaten

2 Tomaten
2 rote Zwiebeln
1 Bund Koriandergrün (notfalls Petersilie)
4 reife Avocados
Saft einer Zitrone
2 Knoblauchzehen, zerdrückt
2–3 Msp Chilipulver
4 EL Olivenöl
Salz, Pfeffer

Zubereitung

1. Die Tomaten und die Zwiebeln sehr klein würfeln (für die Tomaten verwenden Sie am besten ein Sägemesser).
2. Den Koriander fein hacken.
3. Die Avocados längs halbieren, vom Kern drehen.
4. Das Fleisch mit einem Eßlöffel aus der Schale in eine Schüssel kratzen und sofort den Zitronensaft dazugeben.
5. Das Fleisch mit einer Gabel gut zerdrücken.
6. Mit allen anderen Zutaten vermischen und mit Salz und Pfeffer abschmecken.
7. Mit Tacos, Brot oder Gemüse zum Dippen kalt servieren.

Lechugas con salsa »Romesco«
Romagna-Salat mit Romesco-Sauce

Zutaten
1–2 Romagna-Salate (nach Größe)
3 Dosen Schältomaten, zerdrückt
4 Knoblauchzehen, zerdrückt
200 g geriebene Mandeln
3–4 Msp Chilipulver oder 1–2 Chilischoten
1 1/2 EL Zucker
0,2 l Rotweinessig
Salz
Olivenöl

Zubereitung
1. Den Salat putzen, waschen und in sehr grobe Streifen schneiden.
2. Den Boden eines Topfes mit Olivenöl bedecken, die Tomaten, drei Knoblauchzehen und das Chilipulver (oder die Chilischoten) dazugeben und einkochen, bis die Sauce Blasen wirft.
3. Unterdessen die Mandeln in einer trockenen Pfanne unter ständigem Bewegen vorsichtig rösten.
4. Den Zucker, die Mandeln und zwei Drittel des Rotweinessigs dazugeben und salzen.
5. Noch einmal fünf Minuten köcheln lassen, die letzte Knoblauchzehe einrühren.
6. Abkühlen lassen, mit dem restlichen Rotweinessig, Salz und Olivenöl, eventuell noch etwas Zucker, süß-sauer abschmecken.
7. Kalt über den Salat geben und servieren.

Pan con tomate

Geröstetes Brot mit Tomate

Zutaten

Großes Weißbrot, in Scheiben geschnitten
1 Knoblauchzehe
Frische, sehr reife Tomaten
Salz
Olivenöl

Zubereitung

1. Das Weißbrot rösten (am besten auf dem Grill).
2. Die Knoblauchzehe halbieren, die Brotscheiben damit kräftig einreiben.
3. Die Tomaten horizontal halbieren, die Brotscheiben damit ebenfalls kräftig einreiben.
4. Das Olivenöl darüberträufeln, nach Belieben salzen.
5. Sofort servieren.

Puerros al limón

Lauch in Zitronenmarinade

Zutaten

3–4 Stangen Lauch
2–3 Zweiglein frischer Thymian, die Blättchen abgezupft
2 TL Zucker
Saft von zwei Zitronen
Salz, Pfeffer
Olivenöl

Zubereitung

1. Den Lauch putzen, waschen, alles lose Grün abschälen.
2. Den Lauch in vier bis fünf Zentimeter lange Stücke schneiden.
3. Das Olivenöl im Bräter oder in der Pfanne erhitzen, den Lauch darin andünsten.
4. Die Thymianblätter dazugeben, salzen und pfeffern.
5. Den Zucker dazugeben und mit dem Zitronensaft ablöschen.
6. Zugedeckt oder im Ofen ca. 15 Minuten gar köcheln lassen.
7. Warm oder kalt servieren.

Verfeinerung

Nach dem Ablöschen eine kleine Handvoll Rosinen dazugeben.
Nach dem Garen anstelle von Thymian feingeschnittene frische Minze verwenden. Kalt serviert, ist diese Variante besonders im Sommer reizvoll.

Cebollitas en escabeche dulce
Süß marinierte Zwiebelchen

Zutaten
1 kg Zwiebelchen oder Schalotten
0,3 l älterer, guter Essig (z. B. Aceto balsamico)
0,3 l warmes Wasser
3 Lorbeerblätter
8 Pfefferkörner
1 Nelke
6 EL Honig
1 TL Salz

Zubereitung
1. Die Zwiebelchen oder Schalotten schälen.
2. Alle anderen Zutaten vermischen, dabei den Honig im warmen Wasser auflösen.
3. Die Zwiebelchen oder Schalotten in einem Bräter mit der Marinade übergießen und im Ofen bei guter Mittelhitze ca. eine Dreiviertelstunde zugedeckt garen, bis sie weich sind.
4. Auskühlen lassen, die Nelke entfernen, noch einmal mit Salz, Zucker oder Essig abschmecken.

Champiñones en escabeche
Marinierte Champignons

<u>Zutaten</u>
500 g kleine Champignons oder Egerlinge
1–2 Knoblauchzehen, zerdrückt
1 Bund Petersilie, grob gehackt
Ca. 0,1 l guter Essig (am besten Aceto balsamico oder milder Sherryessig)
Salz, Pfeffer
Olivenöl

<u>Zubereitung</u>
1. Die vorhandene Wurzel oder die trockenen Fußenden der Pilze abschneiden, mit einem feuchten Tuch sauber abreiben.
2. Eine schwere Pfanne sehr stark erhitzen.
3. Die Pilze einzeln auf den Pfannenboden auslegen, ohne daß sie sich berühren, sonst ziehen sie Flüssigkeit (nötigenfalls in mehreren Durchgängen anbraten).
4. Die Pilze unter gelegentlichem Rühren anbraten, kräftig salzen und pfeffern.
5. Alle angebratenen Pilze in die Pfanne geben, dann einen guten Schluck Olivenöl angießen und fertigbraten.
6. Den Knoblauch dazugeben, mit dem Essig ablöschen.
7. Kurz aufwallen lassen.
8. Die Pfanne vom Herd ziehen, die Petersilie unterrühren, mit Salz, Pfeffer und Olivenöl abschmecken.
9. Lauwarm oder kalt servieren.

Alcachofas en mahonesa de hierbas
Artischocken in Kräutermayonnaise

Zutaten
10 sehr kleine Artischocken oder Artischockenböden (auch tiefge-kühlt)
250 ml Mayonnaise
100 ml Sauerrahm oder Joghurt
Je 1 Bund Petersilie, Dill und Schnittlauch, gehackt
Saft einer 1/2 Zitrone
1 TL mittelscharfer Senf
1/2 Knoblauchzehe, zerdrückt
Zucker, Salz, Pfeffer
Olivenöl

Zubereitung
1. Die ganzen Artischocken putzen, schälen (oder die trockenen Blattspitzen abschneiden) und vierteln oder achteln. Bei größeren Pflanzen das Stroh entfernen, die Böden vierteln oder sechsteln.
2. Mit Salz und Pfeffer in Olivenöl anschwitzen.
3. Unter Zugabe von ein wenig Flüssigkeit ca. eine halbe Stunde weichschmoren.
4. Unterdessen die anderen Zutaten zu einer ganz leichten Kräuter-mayonnaise verrühren und mit Salz, Pfeffer sowie Zucker ab-schmecken.
5. Wenn die Artischocken gar sind, auskühlen lassen und mit der Kräutermayonnaise vermischen.
6. Kalt servieren.

Wenn Sie ganze Artischocken verwenden, müssen diese wirklich sehr jung sein, sonst werden sie nicht weich. Achten Sie darauf, daß die Artischocken während des Putzens immer in Zitronenwasser liegen, sonst verfärben sie sich. Eingelegte Artischocken eignen sich für dieses Rezept nicht, da sie meist zu sauer sind.

Acelgas estofadas
Gedünsteter Mangold

Zutaten
300 gr Mangoldstiele, in fingerdicke Streifen geschnitten
2 Knoblauchzehen, in Scheiben geschnitten
1 Msp Chilipulver
Muskatnuß
0,1 l trockener Weißwein
Salz, Pfeffer
Olivenöl

Zubereitung
1. Die Mangoldstiele waschen, abtropfen lassen und in Olivenöl anschwitzen.
2. Den Knoblauch und das Chilipulver dazugeben, mit Salz, Pfeffer und geriebener Muskatnuß würzen.
3. Mit einem kräftigen Schluck Weißwein angießen und dann stark dünsten lassen.
4. Mit den Gewürzen und dem Olivenöl abschmecken.
5. Kalt servieren.

Ensalada de lentejas
Linsensalat

Zutaten
300 g kleine Linsen (Berg- oder Puylinsen)
1 Zwiebel
2 Karotten
1 Petersilienwurzel
1 Stück Knollensellerie und/oder andere Wurzeln
1 l Gemüsebrühe (ungesalzen) oder Wasser
0,2 l Rotweinessig
1 Knoblauchzehe, zerdrückt
1 Bund Petersilie, gehackt
Salz, Pfeffer
Olivenöl

Zubereitung
1. Die Linsen waschen, dabei die oben schwimmenden entfernen, eventuell einweichen (bei den genannten Sorten nicht nötig).
2. Die Zwiebel und die Wurzeln und die Gemüse schälen und putzen, in sehr kleine Würfel schneiden.
3. In einem nicht zu kleinen Topf die Zwiebeln und die Hälfte der Wurzeln in Olivenöl anschwitzen.
4. Die Linsen (ohne Einweichwasser) dazugeben und die Gemüsebrühe angießen.
5. Kurz aufkochen, dann die Temperatur herunterdrehen und auf kleiner Flamme zugedeckt ungefähr eine halbe Stunde lang köcheln lassen.

6. Wenn die Linsen noch knackig sind, die restlichen Wurzeln dazugeben und kräftig salzen.
7. Die Hälfte des Rotweinessigs dazugeben, aufwallen lassen und vom Herd ziehen.
8. Mit dem restlichen Rotweinessig, dem Knoblauch, Salz, Pfeffer und Olivenöl abschmecken.
9. Kalt stellen, vor dem Servieren die Petersilie unterrühren und nochmal abschmecken.

☞ *Hinweis*
Die Linsen (wie alle Hülsenfrüchte) beim Kochen nicht salzen. Sie werden dann sehr langsam weich.

Garbanzos con pasas y nueces
Kichererbsen mit Rosinen und Nüssen

Zutaten
250 g getrocknete Kichererbsen (oder 500 g gekochte)
1/4 l Gemüsebrühe
100 g Rosinen
150 g gestiftelte Mandeln oder andere Nüsse (auch gemischt)
1 Zwiebel, gewürfelt
2 Knoblauchzehen, in Scheiben geschnitten
1 Lorbeerblatt
1 Bund Petersilie, gehackt
Salz, Pfeffer
1 Msp Chilipulver
Olivenöl

Zubereitung

1. Die Kichererbsen über Nacht einweichen. (Wenn Sie gekochte verwenden, gehen Sie zu Punkt vier.)
2. »Taube« Erbsen (die an der Oberfläche schwimmen) entfernen und das Einweichwasser abgießen.
3. Die Kichererbsen in reichlich frischem Wasser mit dem Lorbeerblatt ca. zwei Stunden weich kochen, anschließend abgießen.
4. Die Zwiebelwürfel und den Knoblauch in Olivenöl andünsten, die Kichererbsen dazugeben und salzen.
5. Die Gemüsebrühe angießen, die Rosinen dazugeben und fünf Minuten kräftig einkochen lassen.
6. Unterdessen die Mandeln oder Nüsse in einer trockenen Pfanne unter ständigem Schwenken vorsichtig rösten.
7. Die Mandeln oder Nüsse dazugeben, mit Salz, Pfeffer und einer Messerspitze Chili abschmecken.
8. Lauwarm oder kalt mit viel gehackter Petersilie servieren.

Garbanzos con espinacas
Kichererbsen mit Blattspinat

Zutaten
250 g getrocknete Kichererbsen (oder 500 g gekochte, auch aus Dose oder Glas)
1 Lorbeerblatt
1 Zwiebel, gewürfelt
2 Knoblauchzehen, in Scheiben geschnitten
1 Dose Schältomaten, zerdrückt
250 g Blattspinat, tiefgekühlt und aufgetaut oder frisch gedünstet

Chilipulver, Muskatnuß, Currypulver
Salz, Pfeffer
Olivenöl

Zubereitung

1. Die Kichererbsen über Nacht einweichen. (Wenn Sie gekochte
   verwenden, gehen Sie zu Punkt vier.)
2. »Taube« Erbsen (die an der Oberfläche schwimmen) entfernen
   und das Einweichwasser abgießen.
3. Die Kichererbsen in reichlich frischem Wasser mit dem Lorbeerblatt ca. zwei Stunden weich kochen, anschließend abgießen.
4. Die Zwiebelwürfel und den Knoblauch in Olivenöl andünsten, die
   Kichererbsen dazugeben und salzen.
5. Die Tomaten dazugeben, ca. 15 Minuten einkochen lassen.
6. Den Spinat unterheben, mit Salz, Pfeffer und Chilipulver sowie
   etwas Currypulver (es soll nicht vorschmecken) leicht pikant abschmecken.
7. Warm oder kalt servieren.

Judias verdes con anchoas
Grüne Bohnen mit Sardellenfilets

Zutaten
1 kleine Dose (oder Glas) Sardellen (Anchovis)
500 g grüne Bohnen, geputzt und gewaschen
1 kleine Zwiebel, fein gewürfelt
4 cl trockenen Weißwein
2 cl Weinessig
1 Zweig Bohnenkraut
Salz, Pfeffer
Olivenöl

Zubereitung
1. Die Sardellen in reichlich lauwarmem Wasser mindestens eine halbe Stunde wässern.
2. Die Bohnen in vier bis fünf Zentimeter lange Stücke schneiden.
3. Die Sardellen abtropfen und in kleine Stücke schneiden.
4. In einer Pfanne oder einem weiten Topf die Zwiebelwürfel in Olivenöl anschwitzen.
5. Die Bohnen dazugeben und anbraten, ohne daß sie Farbe annehmen, salzen und pfeffern.
6. Das Bohnenkraut hinzufügen, mit dem Weißwein angießen.
7. Zugedeckt schmoren lassen, bis die Bohnen gerade noch knackig sind.
8. Die Sardellen dazugeben, mit dem Weinessig abschmecken.
9. Lauwarm oder kalt servieren.

Habas al atún
Weiße Bohnen mit Thunfisch

Zutaten

250 g Thunfisch aus der Dose
1–2 weiße Gemüsezwiebeln
500 g gekochte (große) weiße Bohnen
0,1 l Rotweinessig
Salz und Zucker im Verhältnis 1:1
Pfeffer
0,2 l Olivenöl
1 Bund Petersilie, gehackt

Zubereitung

1. Den Thunfisch mit den Händen grob zerbröseln.
2. Die Gemüsezwiebeln in geviertelte Ringe oder grobe Würfel schneiden, kurz unter heißem Wasser abspülen (um die unangenehme Schärfe zu nehmen).
3. Aus Essig, Salz, Zucker, Pfeffer und Olivenöl eine kräftige Vinaigrette rühren.
4. Alle Zutaten unterheben, mindestens zwei Stunden ziehen lassen, wiederum abschmecken; falls der Salat zuviel Flüssigkeit gezogen hat, mit etwas Bohnenkochwasser verdünnen.
5. Die Petersilie darüberstreuen, kalt servieren.

☞ *Hinweis*

Dieses Gericht steht und fällt mit der Qualität des Olivenöls!

Jalapeños rellenos
Gefüllte Peperoni

Zutaten
10 große Peperoni
350 g Frischkäse
3–4 Eier
Paniermehl (Semmelbrösel)
Salz
Pflanzenfett

Zubereitung
1. Die Peperoni waschen, längs halbieren, die Kerne und die weißen Häutchen entfernen.
2. Die Hälften mit einem Teelöffel Frischkäse füllen, die Fülle soll sich leicht nach oben wölben.
3. Die Eier aufschlagen und in einem tiefen Teller verkleppern, das Paniermehl mit einer guten Prise Salz mischen.
4. Die Peperoni abwechselnd in Ei und Paniermehl wenden, bis sie gleichmäßig paniert sind.
5. Im Fett schwimmend ausbacken.
6. Heiß servieren.

Huevos con crema de anchoas
Eier mit Sardellencreme

Zutaten
6 Eier
12 Sardellen (Anchovis), salzig eingelegt
3 EL Mayonnaise
80 g Butter, Zimmertemperatur
1 kleine Zwiebel, gerieben
Salz, Pfeffer
Schnittlauch, in Röllchen geschnitten, zum Garnieren

Zubereitung
1. Die Eier hart kochen, abschrecken und pellen.
2. Die Eier längs halbieren, das Eigelb vorsichtig herausnehmen.
3. Die Sardellen zerstoßen (Mörser oder Küchenmaschine).
4. Die Eigelb, die Butter, die Mayonnaise und die Zwiebel zu den Sardellen geben und verrühren.
5. Mit Salz (Vorsicht!) und Pfeffer abschmecken.
6. Mit einem Spritzbeutel oder einem Löffel die Eihälften mit der Sardellencreme füllen.
7. Mit Schnittlauch überstreuen, nicht zu kalt servieren (sonst wird die Sardellencreme bröselig).

Champiñones rellenos
Gefüllte Champignons

Zutaten
15 große Champignons oder Egerlinge
1 Zwiebel, sehr fein gehackt
1 Bund Petersilie, gehackt
2 Knoblauchzehen, fein gehackt
150 g geriebener Hartkäse (Parmesan, Manchego, Emmentaler)
2 EL Paniermehl (Semmelbrösel)
Butter
Thymian, frisch oder getrocknet
Muskatnuß, Salz, Pfeffer

Zubereitung
1. Die Champignons putzen: Die Wurzel abschneiden, den Stiel herausdrehen, die Stiele unter fließendem Wasser schnell abwaschen, die Kappen mit einem feuchten Tuch vorsichtig abreiben.
2. Die Stiele hacken, mit der Zwiebel in Butter bei guter Hitze ca. fünf Minuten andünsten, am Schluß die Petersilie dazugeben.
3. Etwas abkühlen lassen. In einer Schüssel die Mischung mit dem Knoblauch, dem Käse und dem Paniermehl vermengen.
4. Mit Thymian, Muskatnuß, Salz und Pfeffer abschmecken.
5. Die Mischung in die Champignonköpfe füllen.
6. Eine feuerfeste Backform buttern und die Köpfe hineinsetzen. Auf jede Füllung ein kleines Stück Butter geben.
7. Im vorgeheizten Rohr bei 220 °C ca. 20 Minuten braten.
8. Warm servieren.

Hojas de vino rellenas
Gefüllte Weinblätter

Zutaten

20–25 Weinblätter
1 Zwiebel, fein gehackt
250 g gekochter Reis
60 g Pinienkerne
60 g Rosinen, eingeweicht, abgetropft
je 1 Msp Zimt und Chilipulver
Saft einer Zitrone
10 Pfefferminzblätter, gehackt
1 Bund Petersilie, gehackt
2 EL Olivenöl
Salz, Pfeffer

Zubereitung

1. Von den Weinblättern den Stiel und die ersten harten Adern keilförmig herausschneiden.
2. In eine feuerfeste Schüssel stapeln und mit reichlich kochendem Wasser übergießen.
3. Fünf bis zehn Minuten ziehen lassen, abgießen und trocknen.
4. Die Zwiebel anschwitzen, salzen.
5. Die Zwiebel, den Reis, die Hälfte des Zitronensafts und alle anderen Zutaten vermischen und würzig abschmecken.
6. Jeweils eine Portion Reis auf ein Weinblatt nahe am Stiel in die Mitte legen, eine halbe Umdrehung wickeln, die Seiten des Blattes darüberklappen, fertigrollen.

7. Die Weinblätter mit der Blattspitze nach unten eng in einen Topf schichten, jede Lage mit ungerollten Weinblättern abdecken.
8. Mit Salzwasser und dem restlichen Zitronensaft übergießen, mit einem Teller beschweren und ca. eine Stunde zugedeckt köcheln lassen, abtropfen.
9. Heiß oder kalt servieren.

Rollitos de calabacín
Zucchiniröllchen

Zutaten
2–3 mittlere Zucchini
10–15 Scheiben gekochter Schinken
250 g Frischkäse
10–15 frische Salbeiblätter
Saft einer 1/2 Zitrone
Salz, Pfeffer
Olivenöl
Zahnstocher

Zubereitung
1. Die Zucchini waschen, putzen und die Enden abschneiden.
2. Die Zucchini der Länge nach (so daß Sie gerade Scheiben erhalten) in hauchdünne Scheiben schneiden (mit Schneidemaschine, Gemüsehobel oder Gurkenschäler).
3. Die Scheiben auf die Arbeitsfläche legen.
4. Dann jede Scheibe mit einer zugeschnittenen Scheibe gekochten Schinken belegen.

5. Mit einem Messer den Frischkäse dünn auf den gekochten Schinken streichen.
6. Je ein Salbeiblatt in die Mitte legen.
7. Aufrollen und mit einem Zahnstocher feststecken.
8. Mit Olivenöl in einer Pfanne oder auf dem Grill schnell von allen Seiten sehr heiß anbraten, dabei salzen und pfeffern.
9. Herausnehmen, mit Zitronensaft beträufeln und warm oder kalt servieren.

Rollitos de berenjena
Auberginenröllchen

Zutaten
2 mittelgroße, möglichst gleichmäßig gewachsene Auberginen
400 g Mozzarella oder Queso fresco
Frisches Basilikum
0,3 l Tomatensaft oder 1 Dose Schältomaten, zerkleinert
2 Knoblauchzehen, zerdrückt
Salz, Pfeffer
Olivenöl

Zubereitung
1. Die Auberginen waschen, den Strunk abschneiden und längs in dünne Scheiben schneiden.
2. Die Auberginen nebeneinander auf gut geölte Bleche legen, im Backofen (200 °C) ungefähr 15 Minuten braten lassen, bis sie hellbraun sind.
3. Abkühlen lassen.

4. Auf jede Auberginenscheibe eine Scheibe Mozzarella oder Queso fresco und ein Blatt Basilikum legen, mit Salz und Pfeffer würzen, dann einrollen.
5. Den Tomatensaft oder die Schältomaten mit dem Knoblauch, Salz und Pfeffer abschmecken und in eine Auflaufform oder tiefe Pfanne gießen.
6. Die Röllchen mit der offenen Seite nach unten eng nebeneinander schichten.
7. Im Ofen oder zugedeckt auf dem Herd ca. eine halbe Stunde garen lassen.
8. Kalt oder warm mit der Sauce servieren.

Albóndigas de espinacas
Spinat-Ricotta-Bällchen

Zutaten
500 g Blattspinat, tiefgefroren oder frisch
500 g Ricotta (ersatzweise Hütten- oder Frischkäse)
200 g Parmesan, frisch gerieben
Muskatnuß
Knoblauch
eventuell Chilipulver
Salz, Pfeffer

Zubereitung
1. Den gefrorenen Blattspinat auftauen oder frischen Blattspinat putzen, waschen, kurz in einem großen Topf in Olivenöl zusammenfallen lassen, abkühlen lassen.

2. Den Spinat gut ausdrücken, mit einem großen Messer leicht zer-hacken oder kreuz und quer zerschneiden (ca. zwei Zentimeter Abstand).
3. Den Ricotta und den Spinat mischen.
4. Soviel Parmesan (ca. 100 g) unterkneten, daß die Masse beim Rollen nicht mehr klebt.
5. Mit Salz, Pfeffer, Muskatnuß, Knoblauch und eventuell Chili ab-schmecken.
6. Den restlichen Parmesan auf einen Teller geben.
7. Die Masse zwischen den Handflächen in kleine Bällchen rollen.
8. Auf dem Teller im Parmesan rollen und kalt servieren.

☞ *Hinweis*
Der Spinat muß sehr gut ausgedrückt werden, sonst wird die Masse zu naß.

Ciruelas en bacon
Speckpflaumen

Zutaten
Trocken- oder Dörrpflaumen ohne Stein
Pro Pflaume 1 dünne Speckscheibe, durchwachsen und geräuchert

Zubereitung
1. Jede Pflaume quer mit einer Speckscheibe umwickeln.
2. Den Ofen auf mittlerer Hitze (150–180 °C) vorheizen.
3. Die Pflaumen auf dem Blech ca. eine halbe Stunde backen. Der Speck soll ausgehen, aber nicht braun werden.

Plátanos en bacon
Bananen im Speckmantel

Zutaten

Bananen, geschält und in 3 Zentimeter lange Stücke geschnitten
Pro Bananenstück 2–3 dünne Speckscheiben, durchwachsen und
geräuchert
Paprikapulver, scharf

Zubereitung

1. Jedes Bananenstück mit dem Paprikapulver würzen und quer mit
   den Speckscheiben umwickeln.
2. Den Ofen auf mittlerer Hitze (150–180 °C) vorheizen.
3. Die Bananen auf dem Blech oder in einem feuerfesten Gefäß ca.
   eine halbe Stunde backen. Der Speck soll ausgehen, aber nicht
   braun werden.

Cebollas rellenas con atún
Zwiebeln mit Thunfischfüllung

Zutaten

10 mittlere Zwiebeln
250 g Thunfisch aus der Dose
40 g altbackenes Brot, in warmem Wasser eingeweicht und ausgedrückt
2 Eier
40 g geriebener Parmesan (oder ähnlicher Hartkäse)
1/2 TL getrockneter Majoran

Paniermehl
Butter
Salz, Pfeffer

Zubereitung
1. Die Zwiebeln schälen, dabei an den Enden möglichst knapp abschneiden, daß sie später zusammenhalten.
2. In kochendem Salzwasser zwei bis drei Minuten blanchieren, kurz abkühlen lassen.
3. Die Zwiebeln quer halbieren und mit einem Teelöffel die inneren Schichten herausheben.
4. Das Zwiebelfleisch hacken, mit dem Thunfisch, dem Brot, den Eiern, dem Parmesan und dem Majoran verkneten.
5. Mit Salz und Pfeffer abschmecken, die Zwiebelhälften mit der Masse gehäuft füllen.
6. In eine gebutterte Backform setzen.
7. Über die Füllung Paniermehl streuen und je ein Butterstückchen daraufsetzen.
8. Im vorgeheizten Rohr bei etwa 180 °C ca. 30 Minuten goldbraun backen.
9. Warm servieren.

Pescado

Fisch

Bacalao en salsa de verdura

Stockfisch in Gemüsesauce

Zutaten

1 kg Stockfisch

2–3 Zwiebeln

2 Stangen Staudensellerie

2 grüne Paprika

0,1 l trockener Weißwein

4 Knoblauchzehen, in Scheiben geschnitten

2 Msp Chilipulver

6–8 Fenchelsamen, zerdrückt oder frisches (wildes) Fenchelkraut

Roter Pfeffer (im Handel oft rote Beeren), grob zerstoßen

350 g Tomaten, abgezogen und zerdrückt (oder Schältomaten)

Salz

Olivenöl

Zubereitung

1. Den Stockfisch 24 Stunden wässern, das Wasser dabei mindestens dreimal erneuern.
2. Abtropfen lassen, in ca. fünf Zentimeter große Stücke zerteilen.
3. Den Staudensellerie putzen, den Paprika längs halbieren und die Kerne und weißen Häute entfernen.

4. Die Zwiebeln, den Staudensellerie und den Paprika in etwa gleich große grobe Würfel schneiden.
5. In Olivenöl anschwitzen, Fisch und Knoblauch dazugeben.
6. Nur wenig Farbe annehmen lassen, mit Weißwein ablöschen.
7. Vorsichtig salzen, reichlich roten Pfeffer, Fenchelsamen und Chilipulver hinzugeben.
8. Mit den Tomaten ca. eine halbe Stunde zugedeckt köcheln.
9. Abschmecken, warm oder kalt servieren.

Bacalao a la catalana
Stockfisch auf katalanische Art

Zutaten
1 kg Stockfisch
10 Pimentbeeren und gleiche Volumenmenge roter Pfeffer (im Handel oft rote Beeren), beides zerstoßen
2 TL roter Paprika, mild
Olivenöl
Zitronen zum Anrichten

Zubereitung
1. Den Stockfisch 24 Stunden wässern, das Wasser dabei mindestens dreimal erneuern.
2. Abtropfen und in ca. zwei Zentimeter große Stücke zerteilen.
3. Gut mit den Gewürzen vermischen.
4. Luftdicht abschließen (Zellophan) und über Nacht kühl stellen.
5. Mit Olivenöl überträufeln.
6. Mit Zitronenschnitzen garniert kalt servieren.

Bacalao fresco envuelto en hojas de vino
Kabeljau im Weinblatt

Zutaten

1 kg Kabeljaufilet (oder anderer festfleischiger Fisch)
3 EL Olivenöl, 3 EL Zitronensaft
3 EL Petersilie, Thymian und Fenchelgrün zu gleichen Teilen, gehackt
10–15 Weinblätter
5–6 Anchovis (kleine Sardellen)
80 g Butter (Zimmertemperatur)
Salz, Pfeffer

Zubereitung

1. Den Kabeljau in ca. vier Zentimeter große Stücke schneiden (eventuell der Größe der Weinblätter anpassen).
2. Das Olivenöl, den Zitronensaft und die Kräuter mit einer kräftigen Prise Salz und Pfeffer zu einer Marinade verrühren.
3. Die Fischstücke darin ein bis zwei Stunden gekühlt einlegen.
4. Von den Weinblättern den Stiel und die ersten harten Adern keilförmig herausschneiden.
5. In eine feuerfeste Schüssel stapeln und mit reichlich kochendem Wasser übergießen.
6. Fünf bis zehn Minuten ziehen lassen, abgießen, trocknen.
7. Die Anchovis im Mörser (Küchenmaschine) zerkleinern und mit der Butter vermischen.
8. Jeweils ein Weinblatt auf der Unterseite dünn mit Sardellenbutter bestreichen.

9. Ein Stück Fisch darin einwickeln, nahe am Stiel in die Mitte legen, eine halbe Umdrehung wickeln, die Seiten des Blattes darüberklappen, fertigrollen.
10. Die Päckchen mit der Blattspitze nach unten in eine gebutterte feuerfeste Form legen.
11. Im vorgeheizten Ofen bei 180 °C ca. 20 Minuten garen.
12. Warm oder kalt servieren.

Rape al sésamo

Lotte im Sesammantel

Zutaten
1 kg Lottefilet (Seeteufel)
Saft einer Zitrone
4 EL Sesamöl (erhältlich in Asienläden)
Sesamkörner
Salz
Butterschmalz oder Pflanzenfett

Zubereitung
1. Alle Häute vom Lottefilet abziehen, in vier Zentimeter große Stücke schneiden.
2. Aus dem Zitronensaft, dem Sesamöl und einer Prise Salz eine Marinade rühren.
3. Die Fischstücke darin ca. eine Stunde einlegen (gekühlt).
4. Die Seeteufelstücke in den Sesamkörnern wälzen.
5. In Butterschmalz vorsichtig bei niedriger Hitze rundum braten.
6. Sofort servieren, eventuell mit einer süß-scharfen Sauce.

Boquerones fritos
Fritierte Sardellen

Zutaten
500 g frische Sardellen
Mehl
1/2 TL Salz
Pflanzenöl
1 Zitrone

Zubereitung
1. Das Mehl mit Salz mischen.
2. Bei größeren Sardellen (über neun bis zehn Zentimeter) den Kopf mit den Fingern abzwicken, zum Bauch hin mit den Eingeweiden herausziehen.
3. Die Sardellen kurz waschen, mit der Mehl-Salz-Mischung bestäuben, überflüssiges Mehl abschütteln.
4. Im heißen Fett portionsweise schwimmend ausbacken.
5. Warm mit Zitronenschnitzen servieren.

Atún »disfrazado«
Thunfisch in Radicchio

Zutaten
500 g frisches Thunfischfilet
Saft einer halben Zitrone
1–2 Knoblauchzehen, zerdrückt
2–3 Zweige frischer Thymian
15–20 große Radicchioblätter
0,1 l trockener Weißwein
Salz, Pfeffer
Olivenöl, Zitrone

Zubereitung
1. Den Thunfisch in ca. vier Zentimeter große Stücke schneiden.
2. Mit dem Zitronensaft, dem Knoblauch und den abgezupften Thymianblättern mischen, kurz marinieren.
3. Den weißen Blattansatz der Radicchioblätter keilförmig ausschneiden.
4. Die Radicchioblätter mit wenig kochendem, sehr salzigem Wasser überbrühen, abgießen, trocknen.
5. Die Thunfischstücke salzen und pfeffern.
6. Die Thunfischstücke in die Radicchioblätter wickeln: an der unteren Seite in die Mitte legen, eine halbe Umdrehung wickeln, die Seiten des Blattes darüberklappen, fertigrollen.
7. In einer großen Pfanne das Olivenöl erhitzen, die Röllchen mit dem Ende der Wicklung nach unten hineinlegen.
8. Sehr scharf anbraten, salzen, mit dem Weißwein ablöschen.

9. Die Temperatur herunterdrehen und zugedeckt fünf Minuten ziehen lassen.
10. Heiß oder kalt mit Zitrone servieren.

Salmón en acelgas
Lachs im Mangoldblatt

Zutaten
500 g Lachsfilet
Saft einer Zitrone
15 große Mangoldblätter
0,2 l Fisch- oder Gemüsebrühe
Muskatnuß
1 Knoblauchzehe, zerdrückt
Salz, Pfeffer
Olivenöl

Zubereitung
1. Das Lachsfilet in 15 gleich große, rechteckige Stücke schneiden, mit dem Zitronensaft (nicht alles verbrauchen) beträufeln, leicht salzen und pfeffern.
2. Die Stiele der Mangoldblätter keilförmig herausschneiden (für ein anderes Gericht, z. B. »Acelgas estofadas« verwenden).
3. Die Mangoldblätter in reichlich Salzwasser ca. zwei Minuten blanchieren, abgießen, in sehr kaltem Wasser abschrecken.
4. Je ein Filetstück quer auf die untere Seite eines Blattes legen, eine Umdrehung einrollen, die Seiten des Blattes darüberklappen, ganz einrollen.

5. In einer Pfanne oder einem Topf die Röllchen auf die Seite legen, an der das Blatt endet, und in Olivenöl andünsten.
6. Salzen, pfeffern, etwas Muskatnuß darüberreiben, Knoblauch zugeben und mit der Brühe angießen.
7. Zugedeckt ca. fünf Minuten pochieren.
8. Die Röllchen herausnehmen.
9. Die Garflüssigkeit mit dem restlichen Zitronensaft bis auf den Pfannenboden reduzieren und über die Röllchen gießen.
10. Warm oder kalt servieren.

Salmón con pepinos
Lachs mit Gurke

Zutaten
250–300 g Lachsfilet, sehr frisch
Saft einer Zitrone
2 EL Olivenöl
2 Salatgurken
1 Bund Dill
80 g Butter, Zimmertemperatur
2 TL mittelscharfer Senf
Salz, Pfeffer
Zahnstocher

Zubereitung
1. Das Lachsfilet in sehr dünne Scheiben schneiden, auf einer Platte oder einem Brett auslegen, mit Zitronensaft, Olivenöl und wenig Salz mindestens eine Stunde zugedeckt gekühlt marinieren.

2. Die Salatgurken schälen, längs halbieren, die Kerne mit einem Löffel herauskratzen.
3. Die Salatgurken noch einmal längs halbieren und in gut daumendicke Stücke schneiden.
4. Den Dill hacken (dabei die Spitzen zurückbehalten) und mit dem Senf und der Butter zu einer streichfähigen Masse verarbeiten.
5. Die Lachsscheiben trocken tupfen.
6. Jede Scheibe mit der Buttermischung dünn bestreichen.
7. In jede Scheibe ein Gurkenstück einwickeln (Scheiben eventuell zurecht- bzw. kleiner schneiden).
8. Zur Befestigung einen Zahnstocher mittig durch jedes Stück stecken.
9. Gut gekühlt mit etwas Dillspitzen garniert servieren.

Mariscos

Meeresfrüchte

Calamares rellenos

Gefüllte Calamares

Zutaten

Frische Harzkräuter (z. B. Rosmarin, Thymian, Salbei, o. ä.)

Ca. 300 g frischer Schafskäse (je nach Größe der Tuben)

3–4 EL süße Sahne

15 kleine Calamarestuben, gesäubert

1 Knoblauchzehe, zerdrückt

Salz, Pfeffer

Zahnstocher

Zubereitung

1. Die Kräuter zupfen und zerkleinern (mit dem Mörser oder in der Küchenmaschine).
2. Den Schafskäse mit der Gabel zerdrücken und mit der süßen Sahne zu einer nahezu glatten Masse verarbeiten.
3. Dabei die Kräuter und Gewürze nach Geschmack dazugeben.
4. Die Calamares mit einem Teelöffel oder einer Spritztüte locker füllen, anschließend mit einem Zahnstocher zustecken.
5. Die Calamares auf dem Grill oder in der (Grill-) Pfanne von beiden Seiten ca. drei Minuten sehr heiß braten.
6. Die Zahnstocher entfernen und die Calamares servieren.

Calamares a la romana
Gebackene Calamares

Zutaten
Safran (4–6 Fäden oder 2 g Pulver)
2 cl Weißwein
3 Eier
4 cl Wasser
5–6 mittlere Calamares, geputzt und gewaschen, Fangarme extra
Mehl
Salz
Öl oder Fett zum Ausbacken (Friteuse)
Aïoli (Knoblauchmayonnaise)

Zubereitung
1. Den Safran im Weißwein auflösen.
2. Die Eier aufschlagen, mit Safran und Wasser verkleppern und mit etwas Salz abschmecken.
3. Die Calamares in ca. ein Zentimeter dicke Ringe schneiden, die Fangarme nötigenfalls einmal teilen.
4. Die Calamares in der Eimischung und im Mehl wälzen.
5. Das Öl auf 180 °C erhitzen.
6. Die Calamares goldgelb ausbacken.
7. Mit Aïoli (Knoblauchmayonnaise) servieren.

☞ *Hinweis*
Die Calamares auf gar keinen Fall zu lang ausbacken, sonst werden sie zäh.

Chipirones a la plancha
Mini-Calamares vom Grill

Zutaten
500 g Chipirones, geputzt, aber mit Fangarmen
3–4 Knoblauchzehen
2 Bund Petersilie
Salz
Olivenöl

Zubereitung
1. Die Mini-Calamares auf dem sehr heißen Grill oder in einer Pfanne mit wenig Olivenöl braten (höchstens eineinhalb Minuten von jeder Seite).
2. Wenn nötig, salzen.
3. Den Knoblauch und die Petersilie sehr fein hacken und mit den warmen Chipirones mischen.
4. Sofort servieren.

Mejillones (Receta básica)

Grundrezept Muscheln

Zutaten

1 kg Muscheln
3 Knoblauchzehen, in Scheiben geschnitten oder gewürfelt
1 Bund Petersilie, grobgehackt
0,2 l trockener Weißwein
Olivenöl

Zubereitung

1. Die Muscheln unter sehr kaltem Wasser schnell und gründlich waschen.
2. In einem großen Topf das Olivenöl erhitzen und den Knoblauch andünsten.
3. Die Muscheln und die Petersilie dazugeben, mit Weißwein angießen.
4. Zugedeckt bei großer Hitze ca. zehn Minuten schmoren, bis sich die Muscheln öffnen.
5. Die Muscheln, die sich nicht öffnen, nicht verwenden.

Mejillones en salsa picante
Miesmuscheln in scharfer Sauce

Zutaten

1 kg vorbereitete Muscheln (Grundrezept)
500 ml geschälte Tomaten aus der Dose oder 1 kg frische, abgezogene Tomaten
2 mittlere Zwiebeln, geviertelt, in Ringe geschnitten
4 Knoblauchzehen, in Scheiben geschnitten
2–3 Chilischoten, in dünne Ringe geschnitten
1 EL Rotweinessig
1 EL Zucker
Salz, Pfeffer
Olivenöl

Zubereitung

1. Die Tomaten in einer weiten Schüssel mit den Händen zerdrücken (Achtung vor Spritzern!).
2. Die Zwiebeln, den Knoblauch und die Chilischoten in reichlich Olivenöl anschwitzen.
3. Die Tomaten, den Rotweinessig, den Zucker und den Sud der Muscheln dazugeben.
4. Einkochen, bis die Sauce auch bei niedriger Temperatur Blasen schlägt.
5. Die Muschelhälften ohne Fleisch ablösen und wegwerfen.
6. Die fertige Sauce mit Salz und Pfeffer abschmecken, die Muschelhälften dazugeben und noch einmal zusammen erwärmen.
7. Heiß oder kalt servieren.

Mejillones gratinados
Gratinierte Miesmuscheln

Zutaten

20 Muschelhälften mit Fleisch, nach Grundrezept gegart
125 g weiche Butter
Gleiche Volumenmenge Paniermehl
1–2 Knoblauchzehen, zerdrückt
1 Bund Petersilie, sehr fein gehackt
Salz, Pfeffer

Zubereitung

1. Mit einer Gabel die Butter, das Paniermehl, den Knoblauch und die Petersilie zu einer festen Masse kneten.
2. Mit Salz und Pfeffer würzig abschmecken.
3. Wenn die Masse zu bröselig ist, mit etwas Garflüssigkeit der Muscheln geschmeidig rühren.
4. Die Muschelhälften mit der Masse bestreichen, so daß das Fleisch bedeckt ist.
5. Im sehr heißen Grill gratinieren.
6. Sofort servieren.

Ensalada de mariscos y apios

Meeresfrüchtesalat mit Staudensellerie

Zutaten

3 Stangen Staudensellerie
1 kg rohe gemischte Meeresfrüchte, auf ungefähr gleiche Größe geschnitten
0,1 l trockener Weißwein
3 Knoblauchzehen, zerdrückt
1 Bund Petersilie, gehackt
Saft einer 1/2 Zitrone
Salz
Chilipulver
Olivenöl

Zubereitung

1. Den Staudensellerie putzen, waschen und in sehr dünne Scheiben schneiden.
2. Reichlich Olivenöl in einer weiten Pfanne oder einem Bräter stark
   erhitzen.
3. Die Meeresfrüchte unter Rühren anbraten.
4. Den Staudensellerie dazugeben, vorsichtig salzen.
5. Mit dem Weißwein ablöschen, drei bis vier Minuten schmoren,
   bis die Tintenfischteile gerade weich sind.
6. Die Pfanne vom Herd ziehen, den Knoblauch und die Petersilie
   unterrühren.
7. Mit Zitronensaft, Salz, Olivenöl und etwas Chili abschmecken.
8. Kalt servieren.

Gambas al ajillo
Krabben mit Knoblauch

Zutaten
6 Knoblauchzehen
500 g große, rohe Krabben ohne Kopf und Schale
6–10 kleine Peperoncini, getrocknet
Salz
Olivenöl

Zubereitung
1. Die Knoblauchzehen in nicht zu dünne Scheiben schneiden.
2. Die Krabben mit dem Knoblauch und etwas Salz in Olivenöl einlegen (mindestens eine Stunde).
3. Portionsweise die Krabben und den Knoblauch mit reichlich Öl bedeckt in kleine Steingutschälchen füllen.
4. Je einen Peperoncino pro Schüsselchen dazugeben.
5. Auf dem offenen Feuer (Gasherd, höchste Stufe) ca. zwei Minuten sehr heiß aufwallen lassen.
6. Heiß servieren.

☞ *Hinweis*
Für den Fall, daß Ihnen kein Gasherd zur Verfügung steht, müssen Sie sich mit einem sehr kleinen Töpfchen auf der vorgeheizten Herdplatte behelfen und schütten den Inhalt schließlich in ein Schälchen. Die Garzeit verlängert sich dann um ungefähr ein bis zwei Minuten, da das Tonschälchen auch noch neben dem Herd weiterbrutzelt.

Champiñones con gambas
Champignons mit Krabben

Zutaten
15 große Champignons oder Egerlinge (Steinchampignons)
1 Zwiebel, sehr fein gehackt
2 EL Butter
500 g große Krabben bzw. Scampi mit Kopf und Schale
1/2 Knoblauchzehe, zerdrückt
2–3 EL spanischer Brandy
0,2 l trockener Weißwein
2 EL Mehl
0,2 l warme Milch, 0,2 l süße Sahne
1 Msp Chilipulver
Salz, Pfeffer
Olivenöl
1 Bund Petersilie, gehackt

Zubereitung
1. Die Champignons putzen: die Wurzel abschneiden, den Stiel herausdrehen, die Stiele unter fließendem Wasser schnell abwaschen, die Kappen mit einem feuchten Tuch vorsichtig abreiben.
2. Die Stiele hacken, mit der Zwiebel in etwas Butter bei mittlerer Hitze ca. fünf Minuten andünsten, salzen und pfeffern.
3. Die Krabben oder Scampi in Olivenöl kurz von beiden Seiten sehr heiß anbraten, dabei kräftig salzen.
4. Etwas abkühlen lassen und schälen. Das Fleisch in kleine Würfel schneiden.

5. Die Schalen und Köpfe in der Küchenmaschine oder im Mörser grob zerkleinern, in einer Pfanne auf dem Herd oder im Ofen knusprig rösten.

6. Mit Brandy ablöschen, mit Weißwein aufgießen, kurz durchköcheln, abseihen und den Sud auffangen (jeden Tropfen herausdrücken).

7. In einem Topf auf kleiner Flamme die restliche Butter flüssig werden lassen, das Mehl einrühren und hell anschwitzen.

8. Unter ständigem Rühren erst den Krabbensud, dann Milch und Sahne langsam dazugießen. Aufpassen, daß keine Klümpchen entstehen. Unter häufigem Rühren ca. 20 Minuten einkochen lassen.

9. Die Champignonstiele, die Zwiebel, das Krabbenfleisch mit soviel Sauce mischen, bis eine dickflüssige Masse entstanden ist. Mit Salz, Pfeffer und Chilipulver abschmecken.

10. Ist noch Sauce übrig, diese vorher in die Form gießen.

11. Die Masse in die Champignonköpfe füllen und in eine gebutterte Backform setzen.

12. Im vorgeheizten Rohr bei mittlerer Hitze (150–180 °C) ca. 20 Minuten goldbraun überbacken.

13. Mit frischer Petersilie überstreuen und sofort servieren.

Gambas con pepinos

Marinierte Krabben mit Gurke

Zutaten

1–2 Salatgurken (nach Größe)
1 frische Chilischote
0,2 l milder Weißweinessig
0,2 l Wasser
1 1/2 EL Zucker
1 kräftige Prise Salz
500 g Cocktailkrabben, geschält
1 Bund Dill

Zubereitung

1. Die Gurken schälen, längs halbieren und mit einem Löffel die Kerne herauskratzen.
2. In ca. 0,5 Zentimeter dicke Scheiben schneiden.
3. Die Chilischote in feinste Ringe schneiden.
4. Aus Chili, Weißweinessig, Wasser, Zucker und Salz eine Marinade kochen (nur einmal aufkochen).
5. Die Marinade vom Herd ziehen, die Krabben hineingeben.
6. Kurz mit dem Deckel stehenlassen.
7. Die Krabben probieren, falls sie nicht gar sind, nochmal kurz aufkochen lassen.
8. Auskühlen lassen.
9. Unterdessen den Dill kleinhacken.
10. Die Gurken und den Dill mit der Krabbenmarinade mischen.
11. Mindestens zwei Stunden ziehen lassen, gut gekühlt servieren.

Carnes

Fleisch

Ensalada de buey

Rindfleischsalat

Zutaten

300 g Rindfleisch, gekocht oder geschmort (Reste eines anderen
Essens)
3 Karotten
1/4 Knolle Sellerie
1 Knoblauchzehe, zerdrückt
0,1 Liter Sherryessig
1 gehäufter TL Dijonsenf
1 1/2 EL Zucker
2 gute Prisen Salz, Pfeffer aus der Mühle
2 EL Olivenöl
3 EL Nuß- oder Kürbiskernöl
150 g Kürbiskerne ohne Schale (bzw. Sonnenblumenkerne o.ä.)
3 Frühlingszwiebeln
Salz
Olivenöl

Zubereitung

1. Das Rindfleisch längs zur Faser in sehr dünne Scheiben
   schneiden – es macht nichts, wenn sie etwas zerfallen.

2. Die Karotten und den Sellerie putzen, in Streifen schneiden.
3. Die Karotten- und Selleriestreifen in nicht zu großen Portionen knackig braten, so daß sie gut Farbe annehmen, dabei salzen.
4. Die Knoblauchzehe unter die warmen Gemüsestreifen mischen.
5. Aus Essig, Senf, Zucker, Salz und den beiden Ölen eine Vinaigrette rühren, mit Pfeffer würzen.
6. Die Kürbiskerne in einer trockenen Pfanne rösten.
7. Die Frühlingszwiebeln putzen und leicht schräg in sehr dünne Scheiben schneiden.
8. Das Fleisch, die Karotten, den Sellerie und die Kürbiskerne vorsichtig unter die Vinaigrette heben.
9. Mit Frühlingszwiebeln überstreut lauwarm oder kalt servieren.

Rizos de jamón
Gebackene Schinkenröllchen

<u>Zutaten</u>
150 g Seranoschinken, in sehr dünne Scheiben geschnitten
3 Eier
4 EL Mehl
Paniermehl
Öl oder Pflanzenfett
Zahnstocher

<u>Zubereitung</u>
1. Den Schinken auf der Arbeitsfläche ausbreiten.
2. Die Längsseiten so weit einklappen, daß die Scheiben nahezu rechteckig sind.

3. Längs aufrollen und mit einem Zahnstocher zusammenstecken.

4. Die Eier aufschlagen und verschlagen.

5. Die Röllchen erst in Mehl, dann in Ei und Paniermehl wenden.

6. Im heißen Fett ca. zwei Minuten goldbraun ausbacken.

7. Warm servieren.

Chorizo frito

Spanische Paprikawurst

Diese würzige spanische Spezialität können Sie für die verschiedensten Gerichte verwenden. In einer Tortilla oder einem Eintopf schmeckt sie genauso gut wie pur. Am besten geeignet sind die dünnen Würste, die es gerade oder zum Ring gebogen gibt. Als Tapas schmecken sie am allerbesten, wenn sie ganz schlicht zubereitet werden.

Zutaten

6–8 Chorizos
3 Zwiebeln
Pflanzenöl

Zubereitung

1. Die Chorizos in fingerdicke Scheiben schneiden.

2. Die Zwiebeln schälen und in grobe Würfel schneiden.

3. Die Zwiebeln in einem weiten Topf mit Pflanzenöl anschwitzen.

4. Die Temperatur erhöhen und die Chorizostücke dazugeben.

5. Die Würste ca. zehn Minuten auslassen und noch einen kräftigen Schluck Öl dazugießen.

6. Warm servieren.

Albóndigas
Hackfleischbällchen

Zutaten

500 g gemischtes Hackfleisch
5 Scheiben Toastbrot ohne Rinde
Milch
1 Ei
3 Zwiebeln, grob gewürfelt
2 Dosen Schältomaten, zerdrückt
1/4 l Fleischbrühe (am besten von Kalb oder Geflügel)
4 Knoblauchzehen, zerdrückt
Thymian, getrocknet
Salz, Pfeffer
Zucker
Olivenöl

Zubereitung

1. Das Toastbrot kleinschneiden und mit möglichst wenig Milch einweichen.
2. Das eingeweichte Brot ausdrücken, mit dem Hackfleisch, dem Ei und zwei der Knoblauchzehen mischen, mit Salz, Pfeffer und zerstoßenem Thymian kräftig abschmecken und gut durchkneten.
3. Aus der Masse kleine Bällchen rollen und in einem Bräter oder einer tiefen Pfanne von allen Seiten goldgelb anbraten.
4. Die Zwiebeln dazugeben und anschwitzen.
5. Die Tomaten und die Brühe dazugießen, mit dem restlichen Knoblauch würzen.

6. Zugedeckt ca. 20 Minuten köcheln lassen, mit Salz, Pfeffer und eventuell Zucker (um den Tomaten die scharfe Säure zu nehmen) abschmecken.
7. Warm oder kalt servieren.

Albóndigas de cordero y espinacas
Fleischbällchen vom Lamm mit Blattspinat

Zutaten
3 Scheiben Toastbrot ohne Rinde
Milch
2 Zwiebeln, fein gewürfelt
300 g Lammhackfleisch (zweimal durch den Fleischwolf lassen)
250 g fertiger Blattspinat, grob gehackt (Schritt 1 bei Albóndigas de espinacas)
1 Ei
3 Knoblauchzehen, zerdrückt
Rosmarin, getrocknet
Salz, Pfeffer
Zucker

Zubereitung
1. Das Toastbrot kleinschneiden und mit möglichst wenig Milch einweichen.
2. Die Zwiebelwürfel goldgelb dünsten.
3. Das eingeweichte und ausgedrückte Brot mit dem Hackfleisch, dem Spinat, dem Ei, den Zwiebeln und den Knoblauchzehen vermischen.

4. Mit Salz, Pfeffer und zerstoßenem Rosmarin kräftig abschmecken und gut durchkneten.
5. Aus der Masse kleine Bällchen rollen und dann in einem Bräter oder einer tiefen Pfanne von allen Seiten langsam knusprig durchbraten.
6. Warm servieren.

☞ *Tip*

Wird Ihnen die Masse zu weich oder wollen Sie die Albóndigas (Fleischbällchen) außen besonders knusprig haben, mischen Sie etwas Paniermehl unter, bzw. wälzen Sie die Bällchen vor dem Braten darin.

Pinchos de cordero
Lammspießchen

Zutaten

350 g schieres Lammfleisch aus der Keule oder der Schulter (ohne Fettschwarte)
4 EL Sojasauce
1 Zweig frischer Rosmarin, die Blätter gehackt
1 Knoblauchzehe, zerdrückt
2 EL Aprikosenmarmelade
2 Msp Chilipulver
2 EL Olivenöl
Salz, Pfeffer
Olivenöl zum Braten
Zahnstocher

Zubereitung

1. Das Lammfleisch in kleine Würfel (ein bis zwei Zentimeter Seitenlänge) schneiden.
2. Aus der Sojasauce, dem Rosmarin, der Knoblauchzehe, der Aprikosenmarmelade, dem Chilipulver und dem Olivenöl eine Marinade rühren, über Nacht (oder mindestens zwei Stunden) luftdicht zugedeckt marinieren.
3. Das Fleisch eng auf die Zahnstocher stecken.
4. In Olivenöl von allen Seiten vorsichtig (die Aprikosenmarmelade brennt leicht an) braten, bis das Fleisch innen gerade noch rosig ist, dabei salzen und pfeffern.
5. Warm servieren.

Pinchos de buey
Rindfleischspießchen

Zutaten
350 g mageres Rindfleisch zum Braten (Oberschale, Lende, o. ä.)
0,1 l Rotweinessig
2 EL brauner Zucker
3 TL verschiedene getrocknete Harzkräuter zu gleichen Teilen, zerkleinert (z. B. Thymian, Majoran, Oregano, Salbei, Rosmarin)
1 Msp Chilipulver
Salz
Olivenöl
Zahnstocher

Zubereitung
1. Das Rindfleisch in kleine Würfel schneiden (ein bis zwei Zentimeter).
2. Aus dem Rotweinessig, dem Zucker, den Kräutern und dem Chilipulver eine Marinade rühren.
3. Die Rindfleischwürfel über Nacht in der Marinade zugedeckt (luftdicht) ziehen lassen.
4. Das Fleisch auf die Zahnstocher stecken.
5. In einer Pfanne oder auf dem Grill mit Olivenöl kurz von allen Seiten sehr heiß braten, dabei salzen.
6. Sofort servieren.

Filete de cerdo con curry y naranjas
Schweinefilet in Curry-Orangen-Sauce

Zutaten

3 mittlere Schweinefilets

2 EL Olivenöl

4 Orangen, möglichst fleischig und kernlos

0,1 l Orangensaft

0,1 l Fleischbrühe

1 Knoblauchzehe, zerdrückt

1 Prise getrockneter Thymian (wenn möglich Zitronenthymian)

1 EL Currypulver

1 Bund gehacktes Koriandergrün

Salz, Pfeffer

Butter

Zubereitung

1. Die Schweinefilets sauber parieren: Mit einem scharfen Messer von Fett und allen Häutchen befreien.

2. In dünne Streifen (ca. 0,5 Zentimeter) schneiden, pfeffern und mit Olivenöl, Thymian und Knoblauch vermischen.

3. Die Orangen filetieren Sie folgendermaßen: Mit einem sehr scharfen Messer die Schale ringsum spiralförmig bis auf das Fleisch abschälen (es darf kein weißes Häutchen mehr übrig sein), die Filets keilförmig zwischen den Häuten herausschneiden und die Reste ausdrücken.

4. Das Fleisch in der schäumenden Butter von allen Seiten anbraten, aus der Pfanne nehmen.

5. Mit dem Orangensaft und der Fleischbrühe angießen, das Curry-pulver dazugeben und schnell auf ein Drittel einkochen.
6. Die Orangenfilets und das Fleisch dazugeben und nochmal ca. zwei Minuten ziehen lassen, das Koriandergrün unterrühren.
7. Warm servieren.

Cabrito con castañas y peras
Zicklein mit Maroni (Eßkastanien) und Birne

Zutaten
400 g Zickleinfleisch aus der Keule, ohne Fett und Sehnen
Je 1 TL Rosmarin und Thymian, zerkleinert
2 Zwiebeln, gewürfelt
1 Knoblauchzehe, zerdrückt
0,2 l Birnensaft
0,2 l Fleischbrühe
2 Birnen
200 g Maroni, gegart und geschält
Salz, Pfeffer
Olivenöl

Zubereitung
1. Das Fleisch ca. zwei Zentimeter groß würfeln, in einem großen Bräter oder einer tiefen Pfanne anbraten.
2. Mit den Kräutern, dem Knoblauch sowie Salz und Pfeffer würzen.
3. Mit dem Birnensaft und der Fleischbrühe angießen, ca. eine halbe Stunde schmoren lassen (je nach Fleischqualität), bis das Fleisch weich ist.

4. Unterdessen die Birnen waschen, entkernen und in Würfel schneiden, die Maroni vierteln.
5. Beides zugeben, kurz weiterschmoren lassen und abschmecken.
6. Warm servieren.

Conejo al limón
Kaninchen in Zitronenmarinade

Zutaten
Rückenfilets von 2 Kaninchen
2 mittlere Zwiebeln
1 Zweig frischer Thymian
1 Lorbeerblatt
2 Zitronen, ungespritzt
0,2 l Kaninchen- oder Geflügelbrühe
Salz, Pfeffer
Olivenöl

Zubereitung
1. Die Rückenfilets von allen Häuten befreien und in zylindrische Stücke von zwei Zentimeter Länge schneiden.
2. Die Zwiebeln schälen, halbieren und schließlich längs in Scheiben schneiden.
3. Das Olivenöl in einer weiten, schweren Pfanne bis fast zum Rauchpunkt erhitzen.
4. Die Kaninchenstücke scharf anbraten, mit Salz und Pfeffer kräftig würzen.
5. Die Kaninchenstücke herausnehmen, die Zwiebeln dazugeben.

6. Wenn die Zwiebeln anfangen, Farbe anzunehmen, den Thymi-anzweig und das Lorbeerblatt dazugeben, mit dem Saft einer Zitrone ablöschen.
7. Die zweite Zitrone abwaschen und halbieren.
8. Wenn der Zitronensaft fast verkocht ist, die Brühe angießen.
9. Die Flüssigkeit um die Hälfte reduzieren.
10. Die Zitronenscheiben und die Fleischstücke dazugeben, noch einmal kurz schwenken.
11. Schmeckt frisch, lauwarm, aber vor allem auch kalt.

Conejo agri-dulce
Kaninchen süß-sauer

Zutaten
Reste eines Kaninchengerichts (Bauchlappen, ausgekochte Teile einer Brühe, übrige Vorderläufe), roh oder gegart
3 Knoblauchzehen, in Scheiben geschnitten
2 EL Zucker
0,1 l trockener Weißwein
Kaninchen- oder Geflügelbrühe, ca. 0,4 l Rotweinessig
150 g Pinienkerne, angeröstet
Salz, Pfeffer
Olivenöl

Zubereitung
1. Das Kaninchenfleisch vom Knochen lösen und kleinschneiden.
2. Zuerst rohes Fleisch anbraten, dann gegartes Fleisch dazugeben, mit Salz und Pfeffer würzen.

3. Den Knoblauch mitbraten, kurz bevor er Farbe annimmt, den Zucker dazugeben und leicht karamelisieren lassen.

4. Mit dem Weißwein ablöschen.

5. Mit der Brühe bedecken und weich kochen. Das Fleisch muß sehr weich werden, die Flüssigkeit gut reduziert sein.

6. Mit Salz, Pfeffer und der Hälfte des Rotweinessigs abschmecken, aufkochen lassen.

7. Nochmal mit dem Rest des Essigs abschmecken.

8. Vom Herd ziehen, die Pinienkerne und einen kräftigen Schluck Olivenöl unterrühren.

9. Lauwarm oder kalt servieren.

Aves
Geflügel

Croquetas de pollo
Geflügelkroketten

Zutaten

300 g gekochtes Hühner- oder Geflügelfleisch
200 g trockener Frischkäse
2 Eier
2 EL Mehl (falls nötig)
1 Bund Petersilie, gehackt
Muskatnuß
Paniermehl (Semmelbrösel)
Salz, Pfeffer
Pflanzenöl oder Pflanzenfett

Zubereitung

1. Das Hühnerfleisch im Mörser oder in der Küchenmaschine zerkleinern.
2. Mit dem Frischkäse, der Petersilie und den Eiern mischen.
3. Falls die Masse zu weich ist, langsam das Mehl einkneten, bis sie nicht mehr feucht wirkt.
4. Mit Salz, Pfeffer und Muskatnuß abschmecken.
5. Zu vier bis fünf Zentimeter langen Stangen formen, im Paniermehl wälzen.

6. Im Öl langsam von allen Seiten goldbraun braten.
7. Warm servieren.

Pavo picante
Scharfes Putenfleisch

Zutaten
500 g Putenfleisch (Brust)
3–4 frische Chilischoten, gehackt
3 EL Honig
1 cm frische Ingwerwurzel, geschält und gehackt
1 Knoblauchzehe, gehackt
0,1 l Geflügelbrühe
2 EL Pflanzenöl
1–2 Frühlingszwiebeln

Zubereitung
1. Das Putenfleisch in dünne Streifen schneiden und dann mit den Chilischoten, dem Honig und etwas warmem Wasser gut vermischen.
2. Den Ingwer und den Knoblauch in Öl kurz anbraten.
3. Das Fleisch dazugeben und unter ständigem Rühren hellbraun braten.
4. Mit der Geflügelbrühe angießen und bei großer Hitze schnell reduzieren, vom Herd nehmen.
5. Die Frühlingszwiebeln putzen und in sehr dünne, ca. fünf Zentimeter lange Streifen schneiden.
6. Die Pute mit den Frühlingszwiebeln garnieren. Sofort servieren.

Rollitos de pechuga de pavo
Putenröllchen

Zutaten

10 sehr dünne, kleine Putenschnitzel (aus der Putenbrust)
10 größere, frische Salbeiblätter
10 dünne Scheiben Seranoschinken (oder Parmaschinken)
4 cl trockener Weißwein
2 cl Süßwein (Moscatel, Marsala o. ä.)
Salz, Pfeffer
Olivenöl oder Butterschmalz
Zahnstocher

Zubereitung

1. Die Schinkenscheiben auf der Arbeitsfläche auslegen.
2. Auf jede Scheibe ein Putenschnitzel legen, auf der Oberseite salzen und pfeffern.
3. Die Salbeiblätter längs darauflegen.
4. Das gesamte Kunstwerk einrollen und mit einem Zahnstocher feststecken.
5. Eine Pfanne, in der genug Platz ist, so daß die Röllchen nicht zu eng liegen (ansonsten auf zweimal braten), mit etwas Olivenöl stark erhitzen.
6. Die Röllchen hineinlegen und schnell von allen Seiten scharf anbraten.
7. Mit den Weinen ablöschen, die Flüssigkeit kräftig salzen.
8. Die Flüssigkeit mindestens um zwei Drittel reduzieren.
9. Sofort servieren.

Pechuga con salsa de atún

Hühnerbrüstchen in Thunfischsauce

Zutaten

6 Hühnerbrustfilets (also 3 ganze Brüste)
0,3 l Hühnerbrühe oder Salzwasser
400 g Thunfisch (aus der Dose)
1 kleines Glas eingelegte Kapern (ca. 100 g)
0,2 l süße Sahne
Saft einer 1/2 Zitrone
Salz, Pfeffer

Zubereitung

1. Die Hühnerbrüstchen in der Brühe oder dem Salzwasser ca. zehn Minuten pochieren, bis sie gerade durch sind.
2. Herausnehmen, abkühlen lassen.
3. Unterdessen den Thunfisch und fast alle Kapern in der Küchenmaschine oder mit dem Zauberstab pürieren.
4. Die süße Sahne nach und nach dazugeben, so daß eine glatte, dicke Sauce entsteht.
5. Mit dem Zitronensaft, Salz, Pfeffer und eventuell der Einlegeflüssigkeit der Kapern abschmecken.
6. Die Hühnerbrüste schräg in daumendicke Scheiben schneiden, mit der Sauce übergießen, mit den zurückbehaltenen Kapern dekorieren.
7. Kalt servieren.

Pechuga con salsa »Pesto«

Hühnerbrüstchen in Pesto

Zutaten

6 Hühnerbrustfilets (also 3 ganze Brüste)
0,3 l Hühnerbrühe oder Salzwasser
2 Bund frisches Basilikum
150 g geriebener Parmesan (oder ähnlicher Hartkäse)
100 g Pinienkerne, 1–2 Knoblauchzehen
Olivenöl
Salz, Pfeffer

Zubereitung

1. Die Hühnerbrüstchen in der Brühe oder dem Salzwasser ca. zehn Minuten pochieren, bis sie gerade durch sind.
2. Herausnehmen, abkühlen lassen.
3. Die Basilikumblätter mit den Pinienkernen und dem Knoblauch kleinhacken oder im Mixer zerkleinern.
4. Den Parmesan und das Olivenöl dazugeben, bis eine dickliche, aber nicht zu trockene Sauce entsteht.
5. Mit Salz und Pfeffer abschmecken.
6. Die Hühnerbrüste schräg in daumendicke Scheiben schneiden, mit der Sauce mischen.
7. Kalt servieren.

☞ *Tip*

Anstatt Basilikum können Sie z.B. Petersilie und anstelle von Pinienkernen auch Mandeln oder Cashewkerne verwenden.

Pollo marinado frito
Mariniertes gebratenes Hühnchen

Zutaten

1 Rosmarinzweig
3 EL Honig
4 EL warmes Wasser
0,2 l Sojasauce
2 Knoblauchzehen, zerdrückt
1 TL Salz
1/2 Moccalöffel Chilipulver
1 Moccalöffel Rosenpaprika
1 kg Hühnerbeinchen oder Flügel

Zubereitung

1. Den Rosmarin vom Zweig zupfen und kleinhacken.
2. Den Honig in warmem Wasser auflösen.
3. Alle Zutaten zu einer Marinade vermischen.
4. Die Hühnerteile darin luftdicht zugedeckt (Zellophan) über Nacht marinieren.
5. Die Hühnerteile abtropfen, im heißen Ofen auf dem Rost 20 bis 30 Minuten knusprig backen, dabei aufpassen, daß der Honig nicht verbrennt (ab und zu mit Marinade bepinseln).
6. Warm oder kalt servieren.

Pechuga de pato con higos
Entenbrust mit Feigen

Zutaten
1 1/2 ganze Entenbrüste (also 3 Stücke), ausgelöst
5–6 frische Feigen
0,1 l Rotwein
0,1 l süßer Fruchtsaft (Kirsche, Pflaume o. ä.)
Salz, Pfeffer
Pflanzenöl

Zubereitung
1. Mit einem scharfen Messer von den Entenbrüsten die Haut mit dem Fett ablösen, in kleine Würfel schneiden.
2. Die Brüste quer in 0,5 Zentimeter dicke Scheiben schneiden.
3. Die Feigen kurz heiß abwaschen, den Stiel am Ansatz abschneiden, achteln.
4. Die Entenscheiben auf beiden Seiten in einer tiefen Pfanne ca. eine Minute anbraten, dabei salzen und pfeffern, aus der Pfanne nehmen.
5. Die Feigen in die Pfanne geben, kurz andünsten, mit dem Wein und dem Fruchtsaft angießen und schließlich ca. fünf Minuten köcheln lassen.
6. Unterdessen die Hautwürfel in einer anderen Pfanne im Pflanzenöl auslassen, bis sie knusprig sind, durch ein Sieb abgießen.
7. Die Brustscheiben wieder zu den Feigen geben, mit Salz und Pfeffer abschmecken.
8. Mit den knusprigen Hautwürfeln überstreut warm servieren.

Tripas
Innereien

Higado de pollo al Jerez
Hühnerleber in Sherry

Zutaten
500 g Hühnerleber
1 Msp Salbei oder Thymian, gerebelt
1/2 Zwiebel, fein gewürfelt
4 cl süßer Sherry oder Portwein
4 cl trockener Sherry
1 Knoblauchzehe, zerdrückt
Salz, Pfeffer
Olivenöl

Zubereitung
1. Sehnen und Gallenflecken der Hühnerleber entfernen, vierteln.
2. Wenig Öl in eine Eisen- oder beschichtete Pfanne geben, die Hühnerleberstücke von einer Seite anbraten, dann salzen und pfeffern, die Zwiebel dazugeben und durch Rütteln der Pfanne immer wieder wenden, dabei den Salbei oder Thymian dazugeben.
3. Wenn die Hühnerleberstücke von allen Seiten braun sind, erst mit süßem, dann mit trockenem Sherry ablöschen.
4. Einkochen, bis die Sauce nur noch den Pfannenboden bedeckt.
5. Sofort servieren.

Pinchos de higado de pollo
Hühnerleberspießchen

Zutaten
300 g Hühnerleber
Weißbrot
5 frische Lorbeerblätter
10 frische Salbeiblätter
Salz, Pfeffer
Olivenöl
Zahnstocher

Zubereitung
1. Die Sehnen und Gallenflecken der Hühnerleber entfernen, dann
   vierteln.
2. Aus dem Brot große Würfel schneiden, die etwa so groß sind wie
   die Hühnerleberstücke.
3. Die Lorbeerblätter halbieren.
4. Ein Leber- und Brotstück sowie abwechselnd ein Lorbeer- bzw.
   Salbeiblatt auf die Zahnstocher stecken. Dabei die Reihenfolge
   Brot und Leber, Lorbeerblatt sowie Brot und Leber, Salbeiblatt
   einhalten.
5. Die Brotstücke von allen Seiten mit Olivenöl beträufeln.
6. Auf dem Grill oder in der heißen Pfanne von allen Seiten braun
   braten, dabei salzen und pfeffern.
7. Sofort servieren.

Higado empanado
Gebackene Leber

Zutaten
400 g Schweine- oder Rinderleber, geputzt
2 Eier
1–2 Zwiebeln, in halbe Ringe geschnitten
Paniermehl
Salz, Pfeffer
Öl oder Pflanzenfett
Zitrone

Zubereitung
1. Die Leber in dünne Streifen schneiden.
2. Die Eier aufschlagen und verschlagen.
3. Die Zwiebelringe hellbraun dünsten.
4. Die Leber mit Salz und Pfeffer würzen, in den verschlagenen
   Eiern und dem Paniermehl wenden.
5. Im heißen Fett zwei bis drei Minuten fritieren.
6. Die Zwiebelringe darübergeben.
7. Warm servieren.

Riñones de cordero al Coñac

Lammnieren in Cognac

Zutaten

8 Lammnieren
2 Zweige Zitronenthymian
2 Zwiebeln, gewürfelt
0,1 l spanischer Cognac (Brandy)
0,1 l Lamm- oder Fleischbrühe
1 TL Tomatenmark
Salz, Pfeffer
Olivenöl
Milch (eventuell)

Zubereitung

1. Von den Nieren das äußere Fett und die Haut abziehen, quer in dünne Scheiben schneiden.
2. Für den Fall, daß die Nieren unangenehm intensiv riechen, sollten diese ein bis zwei Stunden in Milch eingelegt und schließlich trockengetupft werden.
3. Die Blättchen vom Thymian zupfen.
4. Die Nierenscheiben mit Olivenöl anbraten, mit Salz, Pfeffer und Thymian würzen.
5. Die Zwiebeln dazugeben und ca. vier Minuten dünsten.
6. Mit Cognac ablöschen, die Brühe angießen, das Tomatenmark einrühren.
7. Alles zusammen sehr schnell auf die Hälfte reduzieren.
8. Sofort servieren.

Nieren werden durch zu langes Garen schnell hart. Falls sie sich
nach dem Ablöschen schon fest anfühlen, seihen Sie sie lieber ab,
und kochen Sie die Sauce extra ein.

Pincho de tripas de conejo
Spießchen aus Kanincheninnereien

Zutaten
Innereien (Herz, Leber, Nieren) von 3–4 Kaninchen
4 fingerdicke, geräucherte Speckscheiben
3 kleine rote Zwiebeln
1 EL frischer Rosmarin, gehackt
1 Knoblauchzehe, zerdrückt
Salz, Pfeffer
Olivenöl
Zahnstocher

Zubereitung
1. Das Herz, die Leber und die Nieren putzen und waschen, dabei
   die Sehnen, das Fett und die Häutchen entfernen.
2. Die Nieren längs halbieren.
3. Das Herz, die Leber, die Speckscheiben und die geschälten Zwiebeln in etwa gleich große Stücke schneiden wie die Nieren.
4. Alle Fleischstücke mit einer Mischung aus Rosmarin, Knoblauch
   und etwas Olivenöl einreiben.
5. Die Zahnstocher bestecken: Nach jeweils zwei Stücken Innereien
   ein Stück Speck und ein Stück Zwiebel aufstecken.

6. Auf dem Grill oder in einer schweren Pfanne von allen Seiten sehr kurz und kräftig braten, dabei salzen und pfeffern.
7. Sofort servieren.

Higado de ternera con uvas
Kalbsleber mit Weintrauben

Zutaten
200 g süße Weintrauben (am besten ohne Kern)
400 g Kalbsleber, von Häuten und Sehnen befreit
1 Zwiebel, gewürfelt
2 Zweiglein frischer Thymian, die Blättchen gezupft
0,1 l Grappa oder Tresterschnaps
0,1 l Geflügelbrühe
Salz, Pfeffer
Butter

Zubereitung
1. Die Weintrauben waschen und der Länge nach halbieren.
2. Die Kerne, falls vorhanden, mit der Messerspitze entfernen.
3. Die Leber in Streifen (ca. ein bis zwei Zentimeter) schneiden.
4. Die Zwiebelwürfel in der Butter weich dünsten, Leberstreifen dazugeben und anschwitzen, mit Thymian, Salz und Pfeffer würzen.
5. Mit etwas Grappa ablöschen, die Geflügelbrühe dazugeben, die Leber rosig schmoren.
6. Die Trauben dazugeben, mit Salz, Pfeffer und dem restlichen Grappa abschmecken.
7. Sofort servieren.

Lengua de terenera al enebro
Kalbszunge mit Wacholder

Zutaten

1 Gemüsebouquet, mit einer Nelke gespickt

1 Kalbszunge

2 große Gemüsezwiebeln

0,1 l trockener Weißwein

0,2 l Garflüssigkeit von der Kalbszunge

4 frische Lorbeerblätter

10 Wacholderbeeren

5 Knoblauchzehen, ungeschält

4 cl Gin

Salz, Pfeffer

Olivenöl

Zubereitung

1. Ca. 1 1/2 Liter Wasser mit zwei EL Salz und dem Gemüsebouquet zum Kochen bringen.
2. Die gewaschene und gesäuberte Zunge darin ca. 1 1/2 Stunden kochen lassen. (Die Zungenspitze sollte sich dann weich einstechen lassen.)
3. Die Zunge kalt abschrecken, abziehen und quer in fingerdicke Scheiben schneiden.
4. Die Gemüsezwiebel schälen und in geviertelte Ringe schneiden.
5. Die Wacholderbeeren leicht zerdrücken und in ein Kräutersäckchen (Mullbinde, Teebeutel o.ä.) füllen, zubinden.
6. Die Zwiebeln in einem weiten Topf in Olivenöl andünsten.

7. Die Zungenscheiben dazugeben und ebenfalls kurz anziehen lassen.
8. Mit Weißwein ablöschen, Garflüssigkeit angießen, die Lorbeerblätter, die Wacholderbeeren und den Knoblauch dazugeben.
9. In ca. 1/2 Stunde auf die Hälfte einkochen, die Wacholdersäckchen entfernen.
10. Mit Gin, Salz und Pfeffer abschmecken.
11. Warm servieren.

Callos
Kutteln

Zutaten
1 kg Kutteln
2 EL Essig
2 Karotten
1 Bund Petersilie
3 Knoblauchzehen, 2 Zwiebeln, gewürfelt
Je 1 TL Rosmarin, Thymian, Salbei, frische Blätter, feingehackt
2 Lorbeerblätter
1 TL scharfer roter Paprika
0,1 l Rotwein, 0,2 l Fleischbrühe
250 g Schältomaten, zerdrückt
Salz, Pfeffer

Zubereitung
1. Die Kutteln sehr gründlich waschen, 15 Minuten in kaltes Essigwasser einlegen.

2. Die Kutteln gut ausdrücken, in feine Streifen (ca. 0,3 x zwei Zentimeter) schneiden.
3. Die Karotten in Scheiben schneiden, vierteln.
4. Die Petersilie und den Knoblauch zusammen sehr feinhacken.
5. In einem sehr weiten Topf die Zwiebeln, die Karotten, die Kräuter und die Hälfte von der Petersilie-Knoblauch-Mischung andünsten.
6. Die Kutteln und das Paprikapulver dazugeben, salzen und pfeffern, zehn Minuten unter ständigem Rühren anziehen lassen.
7. Mit dem Rotwein, den Schältomaten und der Fleischbrühe aufgießen.
8. Zugedeckt zwei Stunden schmoren lassen (nötigenfalls Wasser dazugeben).
9. Vom Feuer ziehen, mit Salz, Pfeffer und der restlichen Petersilie-Knoblauch-Mischung abschmecken.
10. Warm servieren.

☞ *Tip*

Sie können das Ganze (gerade für Ängstliche) noch verfeinern, wenn Sie ein bis zwei Eßlöffel fertige Kutteln auf eine geröstete Weißbrotscheibe geben und unter dem Grill mit einem kräftigen Hartkäse überbacken.

Spanisches Verzeichnis der Rezepte

Deutsches Verzeichnis der Rezepte

Dr. Oetker
bei Heyne

Partyrezepte

3-453-19961-8